Claudia Souto e Paulo Augusto

Zé Pilintra

Copyright © 2023 Editora Rochaverá Ltda. para a presente edição.
Todos os direitos reservados para a editora Rochaverá Ltda. Nenhuma parte desta edição pode ser utilizada ou reproduzida por qualquer método ou processo sem a expressa autorização da editora.

Zé Pilintra

Título
Zé Pilintra

Autores:
Claudia Souto / Paulo Augusto Cardoso

Edição e Diagramação:
Fábio Galasso

Capa:
Rafael @facootraço / Fábio Galasso

Revisão:
Ileizi Jakobovski / Pamela Fernandes

Internacional Standard Book Number:
ISBN: 9786500523133 / 64 páginas

Editora Rochaverá
Rua Manoel Dias do Campo, 224 – Vila Santa Maria – São Paulo – SP
CEP: 02564-010
Tel.: (11) 3426-5585
www.editorarochavera.com.br

INTRODUÇÃO

Caro leitor,

A ideia principal deste livro é que ele possa servir de instrumento para aqueles que buscam uma reflexão maior em relação a esta entidade.

A proposta é trazer a vocês aquilo que buscamos e aprendemos ao longo dos anos dedicados a compreensão do sagrado e as entidades que atuam em serviço do sagrado.

Por isso, trazemos aqui reflexões bastante aprofundadas sobre esta entidade que é muito controversa em relação aquilo que veio fazer em terra que é nos orientar e nos dar caminhos.

Em nenhum momento pensamos em contradizer aquilo que a religião nos ensina sobre esta linha espiritual, porém, deixamos aqui várias reflexões das próprias entidades que atuam nesta linha de espíritos, chamada carinhosamente como, "linha de malandro", de forma que possamos lhes mostrar como o entendimento do encarnado pode estar na contra-mão daquilo que as próprias entidades querem nos mostrar.

Por isso não contradizendo, mas trazendo uma visão diferente para que possam conhecer Zé Pilintra através dele mesmo.

Desejamos que este trabalho seja uma mais-valia para todos os que servirem dele, pois, o conhecimento espiritual é essencial na vida de todos aqueles que buscam crescer e evoluir através dos espíritos.

Autores:
A Bíblia Espírita

O Mito e a Estrutura Simbólica de Zé Pilintra

Antes de falarmos sobre Zé Pilintra e o poder que ele carrega, vamos falar um pouco sobre a estrutura simbólica que ele possui para introdução para melhor entendimento sobre sua existência.

Quando falamos em Zé Pilintra estamos nos referindo a uma entidade que carrega um tipo de energia ao qual foi concedida pelo campo astral, Deus!

Quando falamos em "Malandro" nos referimos a um tipo simbólico dentro de uma estrutura para entendimento terreno de forma que sejamos direcionados para um tipo específico de arquétipo; e não sobre um perfil "bom vivant" que passou pela terra usufruindo de jogos, bebidas, mulheres da vida e pequenos delitos para sobreviver.

Embora sua estrutura simbólica esteja relacionada com um "malandro", e o entendimento popular sobre a malandragem nos direciona imediatamente para a figura do bom vivant das rodas de samba, Zé Pilintra carrega a manifestação de uma fonte divina em terra, e não de um ser desajustado envolvido em bebedeiras e noitadas.

Quando contamos a história de uma entidade divina, encontramos às características ancestrais condizentes com aqueles que representam melhor a identidade de suas próprias biografias.

A história das entidades nas religiões, estão carregadas de mitologias e simbolismos justamente para facilitar o entendimento religioso de determinada comunidade ou povo que irá atuar com esta entidade. Isso porque o simbolismo de uma entidade deve estar diretamente ligado a história ao qual o povo reconhece como sua, ou seja, que lhe traga a sensação e o sentido de pertencimento daquele significado, lhe trazendo assim, maior familiaridade em relação as suas crenças e caminhos espirituais.

Isso porque espiritualmente é bem mais fácil encontrar crença e fé com algo que nos traga familiaridade do que algo que nos seja totalmente desconhecido.

Por isso, os arquétipos espirituais ao mesmo tempo, em que carregam a ancestralidade carregam também o simbolismo daquela sociedade ou povo, e assim, fica mais fácil direcionar os adeptos e religiosos aos caminhos da luz através dos significados encontrados em terra.

Embora uma entidade como Zé Pilintra, não tenham em suas estruturas simbólicas de "malandro" nada relacionado ao campo astral, quero dizer, nada de muito sagrado e divino em seu simbolismo, a sua missão é direcionar seus adeptos e "filhos", ou seja, aqueles que o tem crença e devoção ou aqueles que atuam com essa entidade, aos caminhos divinos e santificados, assim como toda e qualquer divindade ou entidade.

Mais o que é um mito dentro da religião?

"Malandro como simbolismo e não como realidade da vida de José dos Anjos"

A história de Zé Pilintra está diretamente ligada a dois fatores importantes, um é o mito que envolve sua história e o outro a uma estrutura simbólica que o caracteriza como malandro. Por isso vamos explicar um pouco sobre estes dois aspectos como maneira de facilitar a introdução ao simbolismo de sua imagem.

Contar a história das entidades não é nada fácil, e mais do que uma forma de explicar algo que não se tenha provas históricas, muito embora existam vestígios destas divindades e entidades em terra, "não exatamente das histórias que chegam até os povos", o mito é uma projeção para que o homem possa construir um processo de auto-conhecimento de si, de seus valores, sua ética, sua moral ou suas condutas através de uma "estrutura macro", ou seja, olhando para fora de si e formando uma estrutura micro com sua própria percepção e trazendo para dentro de si.

Então o mito é uma estrutura totalmente simbólica que nos auxilia trazer uma compreensão de uma sociedade e até mesmo de um grupo para que este enxergue a vida através de uma ótica social/cultural ou religiosa para adquirir ensinamentos e progresso pessoal. Por isso, ele é um símbolo que nos faz dialogar conosco mesmo e com a sociedade para que possamos compreender a vida externa em buscar evolução, tendo os "mitos" ou os "simbolismos". No caso de Zé Pilintra a figura do malandro, os tendo como exemplos a serem seguidos e vividos para busca de progresso pessoal.

Porém, no caso de Zé Pilintra devemos lembrar que a figura do "malandro" é apenas um simbolismo e não uma característica real da vida de José dos Anjos, e iremos explicar como esse simbolismo se transforma nas características desta entidade.

Voltando ao conceito de mito e seus simbolismos para dentro da religião iremos encontrar diversas fontes de entendimentos estruturadas em mitos e simbolismos. A linguagem do sagrado é sem dúvida constituída de símbolos altamente santificados, uma vez que não temos condições de adentrar nesses diversos campos "Reais e Sagrados" para vermos exatamente como são, e como atuam os Santos ou os Orixás, as Entidades ou Guias e os Espíritos de Luz diante de Deus, (pois somos encarnados cheios de limitações orgânicas e de percepções espirituais). Então a linguagem simbólica carregada de atributos e conceitos míticos e simbólicos nos ajudam a adentrar ao campo sagrado de maneira conscienciosa.

Então, é através das representações míticas, místicas e simbólicas que eles nos permitem adentrar a esse campo astral quando nos concedem a honra de conhecermos e atuarmos com essas energias que estão diretamente ligadas com o sagrado através de espíritos, espíritos que encarnam com a missão de nos mostrarem estes atributos divinos aos quais os Santos ou Orixás, os Guias e Espíritos de Luz possuem.

Por isso, nas diversas partes do mundo nascem homens e mulheres determinados e ordenados a trabalharem ou "lutarem" por seus povos, com objetivos sagrados de lhes mostrarem o quão poderosa é uma fonte de"energia direta" atuando em terra quando está regida e ordenada pelo poder do Sagrado. (A Bíblia Real, A Bíblia Espírita – Editora Rochaverá).

E muitos destes homens e mulheres que atuaram e ainda atuam em nome de algo verdadeiramente sagrado, se tornaram representantes divinos e espirituais em terra, não por levantarem bandeiras de nenhuma religião, mas por terem atuado em nome do sagrado que os regem. Então posteriormente foram reconhecidos pelo campo astral como seres carregados de "algo também sagrados" e iluminado.

Mas embora muitas dessas histórias estejam envoltas em tragédias, dores, mortes, guerras, sangue e de malandragem, ou seja, ações completamente contraditórias ao que seria o entendimento de algo sagrado. Devemos compreender que os representantes ou missionários divinos, ou seja, aqueles que manifestam algum tipo de energia divina estão encarnados; e o ser encarnado vive conforme os tempos da sociedade em que está inserido. E nada disso pode ser considerado fora do sagrado, uma vez que aqueles que carregam a "base divina" de uma "fonte de energia" (estão sendo regidos por uma força espiritual de um Orixá), vieram para terra exatamente para viverem conforme o que a terra lhês oferecem.

Porém, em geral, são seres com maior discernimento, autonomia entre os povos, base espiritual, e crença firme sobre as coisas divinas.

E estes homens, e mulheres, são aqueles seres iluminados que posteriormente reconhecemos como Santos ou Orixás, Guias, Protetores, Mártires, Entidades ou Espíritos de Luz, seres que trabalham em nome de seus povos e suas verdades para servirem de exemplos divinos a serem seguidos pelos povos e para as próximas gerações de povos que atuam em nome deste mesmo sagrado. Isso porque jamais poderíamos alcançar a evolução da alma ou a plenitude divina se não tivermos exemplos do que é a plenitude divina através da garra dos santos ou o poder dos Orixás e das entidades.

Porém, se pegarmos a trajetória de vida de um "malandro" ao qual Zé Pilintra é sincretizado ou simbolizado, não encontraremos nada que o direcione ao entendimento de algo sagrado ou caminhante das leis divinas. Até porque a conduta moral e social do simbolismo de um "malandro" nada possui de honroso e moral para a religião, uma vez que não existe religião sem base moral. E pensando na estrutura sagrada de uma religião, e no comportamento de um "malandro" o que existe de sagrado ou moral que possa sustentar uma religião, não é mesmo?

O entendimento popular compreende que a malandragem configura-se ao sujeito que abdica de suas funções e obrigações sociais, tais como obediência às leis, as regras e as normas sociais e morais, preferindo viver de maneira hedionda seguindo suas próprias regras e leis.

Entende-se como "malandro" aquele que vive de pequenos delitos e golpes utilizando-se decerto charme e boa lábia, e que sua maneira de ser, lhe traz vantagem ou sucesso devido às consequências de seus atos que quase sempre são favoráveis para si.

E são justamente essas as características que o torna rotulado de "preguiçoso", "vagabundo", "inútil", "desajustado" e muitos repelem a sua presença. Embora, sendo a malandragem uma atitude interpretada como típica de indivíduos desfavorecidos e menos privilegiados socialmente, a malandragem muitas vezes é vista com simpatia.

Por isso, muitas vezes cabe ao "malandro" o papel do herói, ou seja, um desfavorecido que conseguiu "vencer" sua "desgraça pessoal", ainda que de maneira amoral, mas ainda assim, não se tornou um bandido. E por mais que se aproxime muito mais do anti-herói, pois usa da "malandragem" para se esquivar das responsabilidades, não é visto como um problema na sociedade, apenas alguém que usa de artimanhas para conseguir dos outros tudo o que quer e precisa.

E por ser um sujeito muito popular e facilmente reconhecido o malandro está arraigado no imaginário popular, não como um personagem de atos desonestos, mas como um personagem que luta para sobreviver, ainda que de maneira inadequada, mas de certa forma é aceito.

Cabe ressaltar que a sutileza e a individualidade são as principais características da malandragem, jamais um chefe de gangue, um líder de quadrilha ou um estelionatário, por isso mesmo existe uma certa afinidade aos malandros, porque não são bandidos em sua etimologia ou ação, diferentemente de um bandido que rouba e mata.

Mas como Zé Pilintra um espírito que hoje é um representante divino, pode ser simbolizado por um personagem com uma história e compreensão popular tão contraditória aquilo que seria o perfil de uma entidade de luz?

COMO SE TORNOU MALANDRO?

"Malandro como Entidade?"

Mas a pergunta é. Como uma entidade que vem em terra prestar a caridade, assim como Zé Pilintra, pode ser relacionado a um tipo de identidade totalmente contra os preceitos morais e éticos sociais em detrimento de prazeres e desejos próprios, como Zé Pilintra?

Como um espírito que vem em terra como um missionário para nos mostrar caminhos e direção do bem, pode ser estereotipado em um ser que está as margens da sociedade, envolto em jogatinas, bebedeiras, prostituição, pequenas fraudes e enganos. De que forma este arquétipo poderia nos dar direção e caminhos, uma vez que nem ele mesmo possuía? Uma vez que sua própria história é marcado pelo auto-engano.

Quem deu a ele ou como conquistou o cargo espiritual de missionário uma vez que a própria figura de Zé Pilintra está associada ao desequilíbrio entre o sagrado/religioso e o profano em sua forma de se apresentar e ser?

Como poderia alguém com tantas referências de desvios sociais, psicológicos e éticos poderia nos dar direção e caminhos? Como poderia alguém envolto em uma referência tão ruim, auxiliar aqueles que necessitam de caminhos bons?

Em que momento histórico foi associada a referência do personagem emblemático do Catimbó, também chamado de "Pernambuco" às referências da "malandragem" onde incorporou-se o estilo de vestir, andar e falar de um "malandro" como hoje é conhecido Zé Pilintra, o tornando quase que o "malandro carioca", totalmente estereotipado nas características do malandro das letras de samba.

Malandro esse que é um personagem que vive de pequenos golpes, e tirando vantagem dos outros para sua própria sobrevivência, excluindo o trabalho e o esforço pessoal para ganhar a vida. Mas em que momento a Religião se utiliza das características do malandro, cantado nas músicas dos sambistas à entidade Zé Pilintra?

Essa questão nasce devido a ideia de que o personagem citado no samba, seria um boêmio de modos cruchos tentando viver despretensiosamente e a entidade ao qual Zé Pilintra representa teria sido igualmente de modos e capacidade de adaptação similar aqueles que viviam da "malandragem" em busca de um pouco de alegria, amor e solidariedade para ganhar a vida, não visando as falcatruas ou a bandidagem, mas a simpatia, o acordo e a cordialidade.

No brasil, por exemplo, muitos daqueles que são considerados "malandros" fizeram fortunas de maneira ilícita através de atividades, como jogo de bicho, jogos de azar e prostituição, porém estes mesmos "malandros" prestam a caridade nas sociedades em que vivem, o que conferem a eles a ideia romantizada e generosa da figura do malandro na sociedade.

Mas o que o verdadeiro "malandro" tem em comum com a entidade em questão? E, porque esse arquétipo não é capaz de desqualificar uma entidade espiritual?

A resposta é: A figura do "malandro", ainda que queiram dizer que o "malandro" seja alguém "inútil" do ponto de vista profissional, não é ninguém do "mau" e sim alguém que vive de maneira desconstruída ou despretenciosa da realidade, ou da sociedade. E esta imagem está associada apenas com a estrutura do simbolismo e não sobre a verdade da vida humana de José dos Anjos. A similaridade ou o sincretismo está justamente porque José dos Anjos vivia nas ruas, as margens da sociedade e não porque era de fato um "malandro" que aplicava pequenos golpes para sobreviver.

Os acontecimentos da história de vida de José dos Anjos, após a sua morte, até o momento em que se torna uma entidade religiosa é "costurada" através de um mito. Isso quer dizer que se sustenta na estrutura do simbolismo da malandragem, exatamente para nos fazer compreender quais os caminhos que utilizou para chegar até nós.

Por isso o mito em torno da biografia de Zé Pilintra quer nos mostrar algo muito maior que é, como ele ultrapassou as barreiras da vida e alcançou um patamar espiritual tão grande ao ponto de se tornar uma entidade missionária dentro de uma religião? Quem o ordenou e, porque?

Mas às lendas míticas e os simbolismos carregam uma visão metafísica da vida das entidades e uma "quase" resposta para as coisas que não sabemos explicar, mas ainda assim sabemos que servem como instrumento que nos iluminam para uma consciência divina mais elevada.

Não pelas histórias das lendas ou dos simbolismos, pois se fossemos observar, muitas delas não têm nada de sagrado, assim como o arquétipo de muitos santos ou Orixás, mas se observarmos do ponto de vista simbólico, iremos entender que elas têm aquilo que proporcional ao entendimento do grupo social.

Observem a história de José dos Anjos e entendam porque quando falamos em "Malandro", falamos em um simbolismo, uma característica daquilo que Zé Pilintra foi associado e não sobre sua vida de terra. José dos Anjos abandonado a própria sorte, morou nas ruas, morou em prostíbulo e se tornou uma entidade.

Precisamos nos lembrar que muitas pessoas são abandonadas e socorridas diariamente em igrejas e templos religiosos por padres, pastores e sacerdotes, e este fato não as tornam missionárias religiosas, pois receber abrigo em um templo sagrado pode não faz de você um sacerdote, faz de você um "abrigado" em um têmplo.

A história de Zé Pilintra nos mostra exatamente isso, embora tenha sido abrigado pelas prostitutas e atuado na noite, ele não era um "cafetão" ou um "boêmio" ou um "desequilibrado", mas alguém que lutou pela sua sobrevivência da maneira que a vida lhe permitiu sem abandonar seus princípios e valores humanos.

Zé Pilintra

Lendas, e entendimento popular

1. História da Malandragem

O esteriótipo do modelo típico do malandro brasileiro surgiu na primeira metade do século XX, carregado de um certo romantismo imaginário após ser imortalizado pelos sambas de roda que os retratavam em suas letras.

De acordo com o entendimento e contexto popular, malandro seria aquele ser que habita nos guetos e nas noites, veste-se usualmente de chapéu de palha ou panamá, calças e sapatos coloridos de preferência branco, vermelho e preto, camisa preta, com listras brancas com detalhes em vermelho e calças brancas e tem consigo sempre uma navalha no bolso do paletó.

Considerado boêmio, vive de pequenos golpes, frequenta rodas de samba e não acredita no trabalho como uma forma de vida; em contraponto é um ser sensível, amoroso e sentimental, além de ser um verdadeiro galante, gentil e amável cavalheiro por onde passa, possui lábia invejável na hora da conquista.

É certo que não existe uma "teoria da malandragem" que sustente e justifique as características e o arquétipo do malandro, por isso a figura do malandro vai desde um estilo artístico até um estilo de vida de quem prefere viver de maneira boêmia e despretensiosa quanto as regras sociais e éticas estabelecidas pela sociedade.

Por isso, a figura do malandro se mostra através das atitudes e forma de apresentar-se e viver a própria vida.

O samba "Lenço no Pescoço", escrito por Wilson Batista e gravado por Sílvio Caldas em 1933, tornou quase um "Hino" da "Malandragem brasileira". Sua letra descreve exatamente o modo de vida e estilo de um típico malandro: "Meu chapéu do lado / Tamanco arrastando / Lenço no pescoço / Navalha no bolso /Eu passo gingando / Provoco e desafio / Eu tenho orgulho / Em ser tão vadio. / Sei que eles falam / Deste meu proceder / Eu vejo quem trabalha / Andar no miserê / Eu sou vadio / Porque tive inclinação / Eu me lembro, era criança / Tirava samba-canção". Outras referências podemos encontrar na coleção de contos "Pastores da Noite", de Jorge Amado, nesta obra ele nos oferece um retrato perfeito do pequeno malandro: românticos, conquistadores, amáveis e, ao mesmo tempo arruaceiros, labiosos e que aplicam pequenos golpes, porém, amigos e de bom coração.

Nélson Rodrigues também expõem um pouco de como seria o perfil psicológico do malandro, nos fazendo acreditar inclusive que seria alguém com transtorno de personalidade. "Boca de Ouro" (1959) é uma obra que conta a história de um malandro bicheiro com um perfil criminoso, mentiroso, orgulhoso de sua forma de viver, conquistador exímio e generoso por demagogia e interesse próprio.

2. Zé Pilintra segundo as tradições religiosas

Segundo o entendimento popular e as tradições religiosas, Zé Pilintra teria sido um malandro carioca envolvido com jogatinas, bebidas e mulheres que ganhou força espiritual de atuação após sua passagem terrena, após ter vivido na noite e ter usado dos artifícios da noite para vida boêmia.

Existem várias histórias e lendas a respeito dessa entidade, uma das mais conhecidas é de que ele tenha nascido no sertão de Pernambuco e sua família precisou se mudar para Recife, para, fugir de uma grande seca que devastou toda a região. Porém, após a partida, o menino José dos Anjos, perdeu toda a família vítima de uma grave doença.

E vendo-se sozinho, José teve que se criar sozinho e a rua foi o lugar que encontrou para que pudesse sobreviver.

Desta forma o menino dormia em meio a boêmia, comia o que lhe davam e muitas vezes servia de "menino de recado" pelos malandros e prostitutas, porque desde cedo percebeu que precisaria manter uma boa relação se esquivando de brigas e confusões ou mantendo próximo daqueles que seriam seus "protetores" nas ruas.

Essa história mostra que a vida o conduziu desde cedo com a atmosfera de jogos, contravenções e mulheres da vida.

Ao longo dos anos foi adquirindo habilidades com facas, estiletes, navalhas e instrumentos que pudessem protegê-lo, tornando-se assim, muito hábil com facas e navalhas, ao ponto de ninguém ter coragem de enfrentá-lo; nem mesmo a polícia, segundo as histórias.

Mas as histórias e lendas contam também que em determinado momento de sua vida, José dos Anjos resolveu tentar a vida no Rio de Janeiro, onde se adaptou com o estilo de vida da malandragem que era bastante disseminada e por lá passou o restante de sua vida.

O entendimento popular afirma que o povo nordestino é grande conhecedor das ervas e das folhas para diversos tratamentos de cura e restabelecimento do corpo e de diversos problemas de saúde.

Contudo, acredita-se que José tenha trazido este conhecimento ao qual herdou de sua origem nordestina. Embora em nenhum momento sua história nos conta que tenha se dedicado em aprender e conhecer ervas e folhas, mesmo assim, dizem que ele tenha levado este conhecimento da cura através das ervas e folhas para o Rio de Janeiro onde supostamente foi morar.

Porém, fala-se muito que ele adquiriu fama por ser um exímio jogador e um galanteador nato, habilidades que ganhou nos anos vivendo nas ruas. Por isso, acredita-se que ele foi um verdadeiro "arrasador de corações", pois conquistava muitos corações por onde passava.

Conta-se também que por ser muito invejado pelas suas façanhas e truques, José acabou por ser assassinado à facada pelas costas.

3. Característica dos Filhos de Zé Pilintra

Conforme o entendimento religioso, uma pessoa (médium) que trabalhe com seu Zé Pilintra, jamais poderia ser alguém envolvido com a boêmia, com a prostituição, com jogos de azar ou ainda com atitudes fraudulentas, pois seu Zé Pilintra se negaria em incorporar nesse médium.

O intendimento popular compreende que para ser um "filho" de Zé Pilintra é necessário que o médium tenha uma vida regrada e responsável, pois sua vida pessoal, teria influência direta na atuação da entidade em terra.

Por isso, as principais características dos "filhos" de Zé Pilintra, seriam as seguintes: vida regrada e comprometida com o que é correto, odeiam ser enganados, não se envolvem com jogos e bebidas, não usam bebidas descontroladamente, são responsáveis com a missão espiritual, tem vida reta e honesta, não quebram regras ou são desobedientes, não gostam de mentiras, gostam de ajudar quem precisa.

E as características necessárias para incorporar Zé Pilintra, seriam as seguintes: Não cometer adultério, não enganar, roubar ou fraudar outras pessoas, não ser viciado em drogas, jogos ou sexo, não usar bebidas descontroladamente, trabalhar para a caridade, ser responsável, bom cumpridor de suas obrigações e compromissos.

Segundo o entendimento popular religioso, os filhos de Zé Pilintra seriam pessoas tendenciosamente regradas e controladas em seus vícios e desejos mundanos, uma vez que essa entidade não admite trabalhar com médiuns que não tenham auto controle quanto as paixões e aos vícios da terra.

Por isso, uma pessoa boêmia, descontrolada com o álcool que gasta muitas noites na farra ou em meio a prostituição certamente teria dificuldades em incorporar Zé Pilintra, pois esta entidade não admitiria pessoas irresponsáveis, que cometam muitos erros e quebrem muitas regras sociais em suas vidas pessoais para ser um médium seu.

Este mesmo entendimento afirma também que médiuns que se envolvem em brigas, contravenções, ou que sejam abusadores ou ainda cometam delitos, seriam excluídos por essa entidade que se negaria em incorporar nesses médiuns até que eles busquem e tenham uma vida regrada.

A compreensão popular compreende que os médiuns de Zé Pilintra precisariam ter em mente que a caridade e o trabalho assistencial, é um dos caminhos para a vida reta, pois se acaso não o tenham, eles mesmo não seriam auxiliados por esta entidade.

Logo, muitos afirmam que para incorporá-lo é preciso ter em mente que se faz necessário caminhar de maneira ética conforme as normas sociais e ter uma vida com menor número de falhas possíveis.

4. Zé Pilintra e as Mulheres da Vida

Uma das suas histórias, conta que quando ele chegou de Pernambuco, não tinha para aonde ir, e foi acolhido em uma casa de prostitutas, devido sua habilidade com facas e boa lábia; habilidades essas que logo foram reconhecidas como importantes para quem vive na noite. Então, logo passou a cuidar das prostitutas do local.

O intendimento popular religioso conta que Zé Pilintra por ter vivido nas ruas e ter tido vivência com as prostitutas, ele seria hoje "protetor" das "mulheres da vida", e as guia, e protege em suas atividades, lhes dando segurança em suas atividades.

E mesmo com esse entendimento em relação a sua própria missão, acredita-se que Zé Pilintra não admite que seus filhos tenham uma vida leviana comprometida com promiscuidade, bebedeira, prostituição ou imprudência em seus caminhos, deixando de cumprir suas missões de prestar a caridade devido os prazeres ou escolhas tortuosas da vida. Inclusive, alguns religiosos preferem dizer que Zé Pilintra não incorporaria em médiuns que tenha vida desregrada e que escolham a noitada e a bebedeira em suas vidas pessoais.

Porém, este entendimento caminha totalmente contraditório ao entendimento de que Zé Pilintra seria "protetor" das "mulheres da vida" ou pessoas que escolham caminhos como a boêmia para seguir.

A história de vida "leviana" e "boêmia" de Zé Pilintra é totalmente contraditória a sua própria existência. Isso porque a vida o conduziu a esta estrada árdua por um motivo visível de auto-conhecimento.

Zé Pilintra, assim como hoje é conhecido, ao chegar no Rio de Janeiro, conforme diz a lenda, se viu em meio a um caminho denso e perigoso para sua própria sobrevivência, pois viu seus sonhos devastados pela dura realidade que encontrou, tendo como único abrigo aqueles que atuavam na noite.

Zé Pilintra

Arquétipo e Teologia

1. Filhos de Zé Pilintra e Arquétipos

Embora o entendimento religioso nos diga que os filhos de Zé Pilintra devam ter um comportamento exímio, longe das drogas, vida fácil, e boêmia. E que se acaso seus filhos não tiverem uma vida reta, seriam "abandonados" pela entidade ao ponto de não incorporarem. Temos que compreender que "nenhuma" entidade, seja de direita ou de esquerda, interfere nas escolhas e caminhos de vida de seus médiuns.

A necessidade de manter uma vida reta, longe de drogas, boêmia deve fazer parte da vida de todo homem que busca sua própria evolução espiritual através do que é bom; muito embora cada um tenha livre arbítrio e escolhas daquilo que lhe agrada e lhe traz contentamento de vida, sem julgamentos. Por isso mesmo, nenhuma entidade interfere nessas escolhas ao ponto de lhes dizerem o que devam fazer ou não, tão pouco, puní-los ao ponto de não incorporar nesses médiuns.

A doutrina religiosa com os espíritos, buscam trazer visão, sabedoria, valores, virtudes, e caminhos a todos os filhos, e cada um tem o direito de escolher os caminhos que pretende caminhar, sendo bom ou não.

Até porque o caminho de evolução se faz a partir das escolhas que fazemos em nossas vidas; para sabermos se algo é bom ou não, devemos experimentá-lo e buscar compreensão do que verdadeiramente é bom para nossa própria evolução.

Sermos "coagidos" pelo campo astral para não fazermos aquilo que "não seria bom", nos tornaria homens exímios, porém sem experiência de vida, sem caminhos de terra, sem visão daquilo que é o bom ou o ruim para nós mesmos. Porque nesse caso não estaríamos buscando a evolução através das nossas próprias escolhas, mas sim induzidos a traçarmos caminhos que não são nossos. Não falo isso apenas nas questões da bebida, boêmia e noitada, mas em todas as nossas escolhas de vida.

Uma entidade tem como missão nos auxiliar em nossas escolhas e caminhos, e não alterar nossas vidas com suas próprias escolhas.

Logo, nenhuma entidade seja de direita ou esquerda interfere nas escolhas e caminhados de nenhum filho, mas o auxilia caso ele lhe peça ajuda e conselhos.

O comportamento dos médiuns que atuam com Zé Pilintra, não está ligado ao comportamento da entidade. É certo compreender que os médiuns carregam apenas as características espirituais de seus pais e mães de cabeça, jamais de seus guias de trabalho.

Não é porque Zé Pilintra atua com demandas voltadas as características relacionadas aos vícios ou à base moral dos homens que seus filhos/médiuns necessariamente devam se comportar de maneira diferente daquilo que é sua essência, deixando suas próprias características de lado.

Cada ser humano é um espírito ou um ser individual, com suas próprias histórias e desafios, caminhada e missão pessoal; e um guia espiritual, jamais condenaria seus médiuns a terem que seguir padrões morais para que pudessem atuar como "instrumento espiritual", até porque quem precisa possuir base espiritual lastreado em valores divinos são os espíritos e não os médiuns.

Se acaso os médiuns fossem destituídos de falhas e erros, não estariam em caminhada espiritual sendo auxiliado pelos guias espirituais.

Porém, os guias e as entidades emanam energias vibrando sobre seus filhos, em relação aquilo que eles mesmos possuem por ordem divina, dando a estes "filhos" energia e vibração espiritual em relação aquilo que eles precisam para vencerem suas lutas pessoais, no caso de Zé Pilintra energias voltadas para os desafios relacionados as paixões da vida humana.

Utilizarmos aquilo que os guias possuem e nos entregam por amor, deve partir de uma vontade espontânea de cada um, não de uma obrigação religiosa, pois nesse caso os médiuns agiriam de maneira coercitiva, apenas para poderem incorporar a entidade, e não por vontade de crescerem como seres humanos e abandonarem seus vícios por crerem em suas evoluções.

2. Vícios e Prostituição

Zé Pilintra é equilíbrio, é caridade e é generosidade. É certo que Zé Pilintra trilhou por duros caminhos de terra que o levou aos vários questionamentos e sofrimentos pessoais; e este fato não exime seus filhos de terem os seus próprios desafios, questionamentos e caminhos.

As questões ligadas as "paixões" e os vícios que movem a vida humana sempre existiu e sempre existirá, pois, faz parte das escolhas da vida. Zé Pilintra como conhecedor desses caminhos irá emanar sobre seus "filhos" e "filhas" e todos aqueles que desejam vencer seus próprios desafios humanos relacionados aos prazeres ou vícios, para que lutem e ultrapassem as questões de terra relacionadas a estes desafios.

Isso quer dizer que além de não obrigar nenhum médium a ser uma pessoa ética, moral ou socialmente boa do ponto de vista de quem julga. Também não irá atuar de maneira coercitiva sobre as escolhas de seus médiuns. Até porque nenhum homem será obrigado pelo "campo astral" a ter o mesmo estilo de vida das entidades ou fazerem aquilo ao qual não escolheram para si mesmos por imposição de nenhuma entidade.

É claro que nenhuma entidade espiritual deseja ver um filho seu em sofrimento, envolvidos em perigos, drogas, desequilíbrios e desajustados. Por isso trabalham muito para que seus filhos sigam caminhos bons e sejam felizes em suas escolhas de vida. E para aqueles que creem, são ótimos conselheiros e "exemplos" de vida sobre os caminhos, jamais obrigando ou impondo nada.

A missão de Zé Pilintra é nos auxiliar quanto aos perigos que envolvem a vida humana e que nos impedem de evoluirmos.

Uma vida íntegra é a base de um caminho espiritual evolutivo, porém, para que sejamos íntegros e fiéis em nossas escolhas, é preciso fazermos escolhas que interfiram em nossas vidas e nas vidas das pessoas que amamos. Por isso, os espíritos estão em nossas vidas e nos auxiliam em nossos caminhos para que possamos compreender as ciladas da vida sem que para isso precisemos nos perder diante delas.

Zé Pilintra aprendeu com a vida a se tornar um ser humano para que pudesse se tornar um ser espiritual evoluído, atuando em nome dos espíritos e da espiritualidade. Por isso sua trajetória lhe deu oportunidade de conhecer a vida como verdadeiramente ela é, com os sofrimentos, as angústias, as tristezas, as falsas alegrias, os desejos, os vícios e mesmo assim se manteve íntegro a sua verdade.

Agora voltando a questão de que Zé Pilintra seria protetor das prostitutas por ter sido acolhido por elas, e, ao mesmo tempo ser contra seus filhos que erram e falham em suas vidas. Diríamos que algo segue em total contradição com aquilo que Zé Pilintra é e espera de seus filhos.

Hoje Zé Pilintra é um missionário espiritual, e ele não escolhe quem irá proteger de acordo com aquilo que receba (neste caso acolhimento). Porque nesse caso, não seria ajuda espiritual, e sim uma troca de favores. Mas espíritos não trabalham em "troca de favores".

Dizer que esta entidade aceita as ações das prostitutas que vivem da noite, em meio ao desequilibro do álcool, da criminalidade e das contravenções, e não aceitar o comportamento de um filho/médium que por ventura tenha atos de desequilíbrio, é o mesmo que qualificar esta entidade com princípios de terra, onde a ajuda vale por aquilo que ele recebe em troca. Com este entendimento, seria necessário acreditar que por ele ter recebido acolhimento das prostitutas no passado, hoje aceite a conduta das mulheres da vida, mas não aceita a conduta dos seus "filhos" que falham em suas próprias vidas. (Obs.: não julgo ou desqualifico a escolha das mulheres, apenas exemplifico)

Neste caso estaríamos nos referindo a uma entidade corrompida moralmente por usar princípios de terra, nos esquecendo que ele hoje vive em espírito e não como encarnado. A crença de que Zé Pilintra estaria disposto em auxiliar quem comete os mesmos "erros" desde que lhe traga algum benefício, lhe retira totalmente sua base espiritual. Isso não é Zé Pilintra!

3. José dos Anjos, e a vida nas ruas

Embora nosso entendimento seja de que uma pessoa que vive na noite prefira um estilo de vida festeiro e que por algum motivo ou razão tenha aversão ao trabalho pesado e intenso, devemos compreender que este espírito não o teve por opção, mas sim por falta de opção de vida.

A história de Zé Pilintra é uma ilustração para um contexto histórico e social de eventos pouco humanos que existem nas diversas sociedades até os dias atuais. A ideia de vida boêmica, regada de mulheres, jogatinas e bebidas onde "malandro" é aquele que alegremente conquista suas necessidades, vai totalmente contra a verdadeira história vivida por este ser.

Quando veio de sua cidade para tentar a vida em um lugar totalmente desconhecido, cheio de esperança e vontade de crescer, deparou-se com a dura realidade de que os "homens de bem" raramente abrem as portas para aqueles que não conhecem, e vendo-se em total abandono pelo desprezo social, foi ao encontro do "lado da cidade" que lhe abriu as portas sem nenhum tipo de preconceito.

Zé Pilintra representa alguém que foi excluído da sociedade por falta de opção e teve que aprender a viver de maneira similar aqueles que viviam da boêmia e da noitada, isso porque o ambiente boêmio é totalmente democrático e não exclui ninguém.

Viver a margem do que muitos acreditam ser moral, ético e bom culturalmente do ponto de vista social, é entregar-se ao único e acolhedor lugar ao qual possa estar, por isso foi um ser que teve que aprender a viver para sobreviver da noite.

José dos Anjos representa um ser que foi abandonado por parte da sociedade por não ter nada a oferecer, e acolhido por outra parte que não o mediu com "medidas econômicas". Mas para isso, teve que aprender a viver daquela maneira, não por escolha, mas, porque a vida o conduziu.

Não pensem que ter que ir para outra cidade, sem conhecimento, sem emprego, sem dinheiro e sem um abrigo fará de você um exímio conhecedor dos hábitos, da cultura, da maneira de viver e o tornará um bem-aventurado ou bem colocado socialmente em pouco tempo em suas caminhadas. Compreendam que um mendigo, um morador de rua, um ser abandonado, não o é por escolha de vida, muitas vezes o abandono vem da falta de oportunidade, incapacidade de escolhas, abandono social dos mais abastados, intelectuais e políticos.

A imagem que associamos do "malandro" bem-vestido em um terno branco, está bem distante da realidade deste espírito que quando homem muitas vezes se tornou invisível aos demais que possavam por cima de seu corpo jogado nas ruas esperando algo para alimentar a fome. Porque muitas vezes ele esteve sentado nas calçadas, gemendo, ferido, doente, com fome e com sede sem nenhuma ajuda humana.

Por muitas vezes, seu alimento foi o lixo, o resto e as migalhas deixadas por quem já estava saciado ao seu lado, o fazendo se sentir a pior das criaturas humanas em terra.

Por isso, a ilusão da "malandragem" como glória é rapidamente substituída pela realidade ao qual a humanidade vive, porque muitos ainda interpretam a "glória humana" como posse de bens materiais ou como bençãos divinas, assim como a fome sendo por falta de alimento e não generosidade, a ignorância humana como falta de "berço" e não como falta de caridade.

Então o que se via, não era um ser que logo adiante tornaria-se um espírito "guiador" de pobres e miseráveis como ele é considerado hoje. Mas um ser, abandonado que nem mesmo as roupas foram compradas por ele, assim como a comida que comia.

A ideia de um Zé Pilintra bem-vestido de terno e gravata regalando-se por ser um "malandro" esperto, faz parte apenas do imaginário popular religioso, pois esta imagem está bem distante daquilo que José dos Anjos enfrentou nas ruas, sem dinheiro, sem-abrigo e sem comida; pois até mesmo as roupas que usava, ao qual hoje, simbolicamente através de um terno se tornou um símbolo de "malandragem" também lhe foi doada para que naquela época pudesse lhe cobrir o corpo do frio.

4. Humanidade, Amor e Generosidade

> "Devemos compreender que hoje Zé Pilintra atua como um missionário espiritual e sendo ele um representante divino, não escolhe a quem cuidar ou guiar. Então, Zé Pilintra é protetor de todos aqueles que o tem crença e esperança de vida, não apenas um só povo, mas todos aqueles que o busca. "

A história de Zé Pilintra, nos conta muito mais sobre generosidade do que sobre malandragem. Ela nos fala sobre caridade, humanidade e generosidade ao qual apenas um grupo já excluído socialmente não se absteve, então, o acolheu sem questionar se ele teria algo para lhes oferecer de volta.

Diz a filosofia que amor gera amor, assim como humanidade gera humanidade. Logo caridade deve gerar também caridade, e Zé Pilintra é o representante daquilo que a religião precisa "gerar para sobreviver", que é amor, generosidade e caridade.

Zé Pilintra viveu neste mundo em meio ao desequilíbrio, mas isso não quer dizer que ele era um desequilibrado. Sua vida lhe deu muito entendimento sobre a vida humana.

Observem que muitas pessoas abandonadas ainda hoje, são resgatadas e cuidadas por padres, freiras e missionários em igrejas e templos religiosos; e isso não quer dizer que sejam religiosos, mas que foram socorridos por aqueles que tinham por missão lhes resgatar em algo humano. Zé Pilintra é a mesma coisa, não é porque ele foi acolhido pelas prostitutas e pelos desequilíbrios da noite que ele era um homem desequilibrado. Mas significa ter uma missão muito maior do que apenas fazer a vida em outra cidade.

Portanto, sua história não está relacionada com a noite com a farra ou a boêmia, sua história está totalmente associada ao que precisamos ter como virtude humana para nos tornarmos espíritas em busca de evolução, que são valores e virtudes espirituais.

Porque não basta colocarmos roupas brancas e "colares no pescoço" se não soubermos que o que estas "linhas' vem em terra nos dizer. Ou seja, precisamos saber o porquê da existência dos espíritos e das entidades em nossos caminhos espirituais.

Convivemos naturalmente com a generosidade espiritual nas casas espíritas ou terreiros, porque jamais um espírito irá questionar o caráter ou a índole do consulente para dar um passe ou uma benção. Jamais uma entidade irá se negar em atender ou oferecer ajuda a um "filho" ou consulente em detrimento de sua conduta, ou postura social na vida, pois a generosidade que os tornam altivos, está muito além dos julgamentos e expectativas humanas.

Por isso, muito mais do que existir uma linha de trabalho de nome linha de "malandro", o que não tem nenhum sentido religioso ou espiritual é sabermos o porque que Deus e o campo astral nos presenteou com a vinda desse espírito em terra, o porque dele ter sofrido tanto e hoje se tornado um ícone da caridade, do amor e da generosidade dentro de uma religião.

Porque muito mais do que usar terno branco, gravata vermelha e chapéu panamá em sua cabeça é entender o significado de tudo isso, porque esse espírito muitas vezes incompreendido dentro da nossa religião, que em nada tem a ver com "malandragem", mas sim "adaptação" ao ambiente e maneira de vida para sobreviver, quer nos mostrar; e o que ele quer nos mostrar é algo muito maior do que os morros do Rio de Janeiro ou a beleza de suas vestimentas.

Até porque, por trás de suas vestimentas muito bem passadas e engomadas, esconde uma dor insuportável que somente quem viveu nas ruas poderia nos contar.

E isso não pode ser encoberto pela vaidade de carregar uma entidade com tamanha importância religiosa, porque o vermelho de suas vestes, representam o sangue, representam a pele ensanguentada que muitas vezes se rastejou pelas calçadas deixando as marcas da vida que se esvaía em lágrimas, quando o corpo doía na pele escura que se curvava no chão frio, clamando aos céus que o levasse.

O belo chapéu ao qual muitos médiuns desfilam vaidosos, representa o adereço que ele usava não para se proteger do sol, mas para esconder a própria face dos olhares de piedade, de medo e de desdém daqueles que atravessavam sua visão ao qual ele repetidamente fugia.

O terno branco que envaidece muitos daqueles que atuam com essa entidade, e que representa a própria caridade, fora um presente ao qual recebeu como sendo o primeiro presente doado por um médico, não para que pudesse se cobrir de elegância, mas, porque já não servia mais na pessoa que o doou. Porém, muito alegre e satisfeito, acreditando que dessa maneira seria visto de forma diferente por aqueles que o julgavam, o recebeu orgulhosamente e nunca mais o tirou do corpo.

Ainda que o mesmo não lhe servia perfeitamente, mas moralmente lhe servia como escudo contra os julgamentos dos que se acreditavam superiores por terem vidas mais "dignas" do que aquela.

Mas o que a história de Zé Pilintra vem nos mostrar? Senão exatamente isso!? Porque não pensem vocês, que o campo espiritual tenha intenção dentro de uma religião de nos fazer acreditar que exista uma entidade ao qual a sua maior "virtude" seja jogar, beber e se envolver com prostitutas!

Até porque esta ação seria totalmente reprovada em nossas vidas cotidianas, porque na religião seria aceita como algo normal e até religioso?

5. Como se Tornou uma Entidade?

Quem olhasse para José dos Anjos nas ruas, diria apenas que se tratava de mais um "malandro" ou morador de rua como qualquer outro pedinte que usava de artimanhas para sobreviver, jamais imaginariam que aquele "esperto e vadio" tornaria-se um representante espiritual não muito distante.

É certo compreender que, ainda que tenha vivido em meio a boêmia, a "malandragem", a prostituição, ao desequilíbrio do álcool, José dos Anjos, viveu aquilo que lhe foi dado como possibilidade de vida e como forma de aprender sobre a vida.

A ilusão em torno da vida boêmia de Zé Pilintra, não nos mostra a verdade sobre o que é viver à sombra dos acontecimentos da noite, porque a noite guarda mistérios em suas sombras que somente quem está acostumado ou preparado poderia suportar por muito tempo.

A noite é a hora em que as drogas, a prostituição, o tráfico, a imoralidade, a depravação e a dessolação humana andam de mãos dadas.

E mesmo diante de graves ameaças da vida, na tentativa de fazer com que ele infringisse alguma lei espiritual ou moral, e mesmo diante de uma sociedade que lhe abriu apenas as portas da noite para que pudesse viver, em nenhum momento ele se tornou um bandido, um mafioso, um traficante ou alguém que atua na marginalidade da vida.

É certo compreender que ainda que tenha vivido em meio a vida boêmia, em nenhum momento se envolveu com a criminalidade, com a marginalidade, com delinquência moral, tráfico de drogas ou algo que pudesse ser considerado ilícito, que pudesse o degradar em espírito ou prejudicar outras pessoas.

Embora tenha estado em meio a atos e ações de ilicitude em nenhum momento foi contra seus próprios valores éticos. Tendo ele vivido com dignidade dentro do entendimento de valor e de vida que ele tinha, que era ser honesto, íntegro e bom, ainda que estivesse vivendo em meio a forças densas, às brigas, ao abuso do álcool e aos desequilíbrios humanos.

Porque diferente de muitas definições da palavra "malandro" que em sua maioria se refere a um ser esperto, astuto, sagaz, preguiçoso, esta palavra aplica-se de maneira simbólica e não de maneira moral a este espírito.

José dos Anjos, venceu a sua própria luta pessoal, sua própria desgraça existência, e se manteve virtuoso e fiel aos seus princípios morais. Embora tenha morado nas ruas, nas casas de prostituição, conhecido o outro lado da vida humana, ele não cedeu as paixões e aos vícios. Suas habilidades de negociação e persuasão em nada tem a ver com roubo, engano ou mentiras.

Para entendermos como ele se tornou um missionário de Deus, independente da nomenclatura que carrega, até porque a nomenclatura "malandro" se refere a uma estrutura simbólica, uma referência mítica e não a uma forma de ser; precisamos compreender quem ele era em vida e como o mundo espiritual compreende nossas escolhas de terra diante de suas missões.

A primeira coisa é entender que ele era "malandro", ou seja, um ser que não tinha um emprego fixo, não tinha uma família constituída e seu endereço era cedido pelas mulheres da vida. Isso nos mostra que ele era um "largado", um ser desprovido de vaidades, bens materiais ou grandes sonhos a serem realizados. Portanto, José dos anjos, não era um criminoso, um corrupto, um assaltante ou traficante, ele não usava de sua habilidade de convencimento para tirar benefícios das pessoas. Mas se utilizava da malícia do que havia aprendido com a vida para sobreviver à própria vida, e isso não o torna desfavorecido espiritualmente, não o desqualifica como ser humano.

Sendo assim, ele foi um homem íntegro

e honesto conforme as ferramentas e possibilidades que tinha para atravessar a própria vida.

Logo, o campo astral, reconheceu neste homem a verdade estampada em sua alma, pois estando ele em um tipo de vida difícil, caminhando entre os desequilíbrios noturnos, onde a perda do controle psíquico, a perda da estabilidade emocional e os desajustes psíquicos que dão lugar aos sentidos mais primitivos e desonestos dos seres humanos, os tornando depravados, insensatos e perturbados devido às paixões e aos excessos.

Ele se manteve íntegro a sua missão, que era atravessar a própria "desgraça pessoal" para elevar-se a si mesmo diante das forças espirituais.

ENTIDADE MISSIONÁRIA EM NOME DO SAGRADO

E como ele alcançou este "posto espiritual"? É simples, Deus não aprova o errado, o campo espiritual é muito sábio e justo. Para que um ser possa atuar em nome dos espíritos é preciso evolução espiritual, e evolução espiritual inicia-se com base espiritual e base espiritual está totalmente ligada com a base moral, isso quer dizer, as escolhas de cada espírito, seja este encarnado ou não.

O que é considerado errado em terra, igualmente é errado "lá no céu", portanto um bandido, um traficante ou um corrupto não terão espaço no campo astral, eles precisarão serem "limpos" espiritualmente para que cresçam em espírito e em verdade, antes mesmo de continuarem suas missões encantatórias, e estes nada têm a ver com Zé Pilintra.

Aos que atuam com a "bandidagem", com a exploração alheia, com a depravação dos homens, jamais terão espaço dentro do sagrado, pois suas consciências, vagam entre o umbral e o inferno, bem distante da luz dos santos ou de Deus.

E por conhecer as energias densas criadas pela força das "paixões" e dos excessos, é que José dos Anjos conquistou um lugar junto ao campo astral para que possa atuar em terra, perambulando pelas ruas e esquinas da vida noturna, junto àqueles que necessitam compreensão e entendimento de seus próprios espíritos; de forma que possam enxergar suas próprias almas e consciências psíquicas e espirituais.

Por isso, hoje ele atua nesta linha espiritual, onde as cargas são mais densas e caminham lado a lado com os homens de terra. Porque estas energias que vagueiam na noite, embora não sejam tão densas quanto as energias formadas pelo ódio, pela raiva ou pela ira humana; que são energias capazes de causarem sangue e guerras.

As energias que circulam nas sombras noturnas são totalmente destruidoras uma vez que atingem rapidamente a qualidade psíquica, mental, moral e espiritual, causando desequilíbrios sobre o poder de compreensão, sobre o próprio ser, o tornando um ser incapaz de observar-se a si mesmo diante da depravação humana o tornando um espírito deplorável por escolhas próprias.

Hoje Zé Pilintra, atua dentro do sagrado e para atuar dentro do sagrado não é porque cometeu erros e iniquidades, até porque como poderia uma entidade que vem em terra nos direcionar aos caminhos bons, se ele mesmo não possui base espiritual ou moral sobre o que é o certo e o errado. Como poderia alguém com menos entendimento sobre os caminhos de Deus e do sagrado atuar como um guiador em nome do sagrado?

Se por acaso Zé Pilintra fosse coberto de iniquidades, desonestidade, perturbações, desequilíbrios, degradação, corrupção, ele mesmo estaria em um campo de desolação em remissão de sua própria consciência. Portanto, ele estaria no umbral ou no inferno e não atuando dentro do sagrado.

O que não podemos confundir é a estrutura simbólica de Zé Pilintra com a missão e a consciência espiritual deste espírito, que atua para que seus filhos conheçam os caminhos bons, os caminhos da luz e os caminhos da paz.

Então quando falamos em Zé Pilintra, estamos falando de um espírito de consciência elevadíssima para nos auxiliar nesse encontro com o sagrado, com o divino através de nossas escolhas e consciências.

Porque sagrado não é apenas aquilo que sacralizamos em terra e entregamos as forças ocultas para que sirvam de ponto espiritual entre nós e Deus, sagrado é tudo aquilo que nos direciona e nos coloca nos caminhos divinos para nossa própria evolução.

BOA NOITE SEO DOTÔ

QUE SEU ZÉ TRAGA MUITA LUZ, PAZ E CAMINHO NA VIDA DE CADA UM DE VOCÊS.

A BÍBLIA REAL
ESPÍRITA

CONHEÇA A BÍBLIA REAL, A PRIMEIRA BÍBLIA ESPÍRITA DO MUNDO

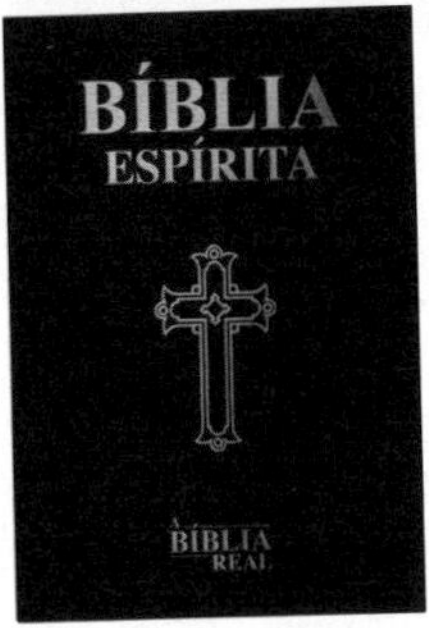

Comunidade Espírita de Umbanda
Coboclo Ubirajara

Rua Doutor Almeida Nobre, 96
Vila Celeste - São Paulo - SP
CEP: 02543-150

🌐 www.abibliaespirita.com.br

📷 @abiblia.espirita

▶️ A Bíblia Espírita

f A Bíblia Real / Bíblia Espírita

f faceboook.com/caboclobirajaraoficial/

f faceboook.com/exuecaminho

f faceboook.com/babalaopaipaulo

f faceboook.com/claudiasoutoescritora

@ contato@editorarochavera.com.br

Editora Rochaverá

Rua Manoel Dias do Campo, 224 – Vila Santa Maria – São Paulo – SP - CEP: 02564-010
Tel.: (11) 3951-0458
WhatsApp: (11) 98065-2263

EDITORA ROCHAVERÁ